Alt werden ist die einzige Möglichkeit, lange zu leben

Ausgewählt und zusammengestellt
von Claudia Peters

GANZ SCHÖN ALT WERDEN

Wir werden immer älter, doch niemand will wirklich alt sein. Milliarden werden für den Wunsch nach Alterslosigkeit umgesetzt. Mit Anti-Aging-Cremes, Lifting, Spritzen und Frischzellenbehandlung wird dem Alter der Kampf angesagt und der Körper auf Jugend getrimmt.

Es fällt nicht leicht, in einer Gesellschaft glücklich alt zu werden, in der es immer mehr zum Gebot wird, die Spuren des Alters zu beseitigen. In Würde zu altern und den zauberhaften Glanz gelebten Lebens stolz in seinem Gesicht zu tragen, gehört heutzutage nicht mehr zum Lebensprogramm.

Doch ich ahne, wie es sein könnte, wenn ich in das schöne Gesicht meiner alten Mutter schaue: voller Falten und noch immer leuchtend vor Neugier und innerer Leidenschaft.

Doris Strahm

Weil mir die Themen nicht mehr gefallen

Was reimt sich auf Altersflecken?
Im Sommer stechen die Zecken.
Was reimt sich auf Midlife-Krise?
Wir leben nicht im Paradiese.
Was reimt sich auf Schwerhörigwerden?
Ja, zähl sie nur auf, die Beschwerden.
Was reimt sich auf Polioarthrose?
Bestimmt deine Halswirbelskoliose.
Was reimt sich auf Zyste und Überbein?
Wer wird denn deswegen gleich unglücklich sein?
Was reimt sich auf Altersweitsichtigkeit?
Du hast keinen Anspruch auf Unversehrtheit.
Was reimt sich auf Gebärmuttersenkung?
Die Kinder sind keine Schenkung.
Was reimt sich auf Lendenwirbelsyndrom?
Wenn du nicht schlafen kannst, nimm etwas Brom.
Was reimt sich auf Mund- und Augenfalten?
Du kannst dir ein fröhliches Herz erhalten.
Was reimt sich auf Abschiednehmen?
Du solltest dich wirklich was schämen!

Altwerden
heißt nichts anderes,
als keine Angst mehr haben vor
der Vergangenheit.

Stefan Zweig

Such dir ein Reimwort für dankbar sein,
du lebst, hast Freunde, bist nicht allein.
Leben ist Aufbruch, Bewegung und Wandel,
ist süß und salzig und bitter wie Mandel.
Es gibt und nimmt und lässt dich verzagen
und trägt sich nicht leichter durch wütende Klagen.
Nimm es hin, wie es kommt und lächle dazu,
dann findest du Frieden und innere Ruh.

Ute Latendorf

Das Alter eines Menschen ist eindrucksvoll. Es umfasst sein ganzes Leben.

Die Reife, die ihm eigen ist, hat sich langsam entwickelt. Sie hat sich gegen viele nun überwundene Widerstände gebildet, gegen so viele schwere, nun wieder geheilte Krankheiten, gegen so viele gestillte Schmerzen, überwundene Verzweiflungen, gegen Gefahren, von denen die meisten dem Bewusstsein entgangen sind. Sie ist entstanden durch Wünsche, Hoffnungen und Sehnsüchte, durch viel Vergessen und viel Liebe hindurch. Ja, das Alter eines Menschen bedeutet eine schöne Fracht von Erfahrungen und Erinnerungen! Trotz der Fallen, der Stöße, der Räderspuren hat man wohl oder übel seinen Weg verfolgt, wie ein guter Karren. Und jetzt, dank eines eigensinnigen Zusammentreffens glücklicher Umstände, ist man so weit. Man ist (…) Jahre alt und wird, so Gott will, seine Last von Erinnerungen noch weiter tragen.

Antoine de Saint-Exupéry

IN DEN NEUEN TAG

Ab und an
sind morgens die Berge so hoch
die Knochen knirschen
und der Anlauf fällt schwer

dann denke ich an dich
Bruder in Pakistan
der im Wasser alles verlor

in denke an dich
Schwester in Ruanda
und dein abgrundtiefes Leid

ich denke an dich
alter Mann in Afghanistan
der in Frieden leben wollte

ich denke an dich
kleines Mädchen in Indien
vor abertausend Teppichknoten

und ich sage mir
welch armselige Kügelchen
doch meine Problemberge sind
und ich breche auf

dankbar für den neuen Tag

Maria Sassin

KEINE ANGST HABEN

Vor geschlossenen Türen warten lernen.
Keine Angst haben,
im ungebetenen Augenblick zu kommen,
falsch verstanden zu werden,
den Erwartungen nicht zu entsprechen,
sich zu verändern.
Nicht vergessen, dass wir älter und älter werden,
aber nicht automatisch (un)glücklicher.
Dich kommen lassen.
Die eigenen Grenzen erkennen
und deine Grenzenlosigkeit ahnen,
Gott,
das wäre schon viel.

Wolfgang Abendschön

JUNG SEIN

Die Jugend kennzeichnet nicht einen Lebensabschnitt,
sondern eine Geisteshaltung;
sie ist Ausdruck des Willens,
der Vorstellung und der Gefühlsintensität.
Die bedeutet Sieg des Mutes über die Mutlosigkeit,
Sieg der Abenteuerlust
über den Hang der Bequemlichkeit.

Man wird nicht alt, weil man
eine gewisse Anzahl Jahre gelebt hat:
Man wird alt, wenn man seine Ideale aufgibt.
Die Jahre zeichnen zwar die Haut –
Ideale aufgeben aber zeichnet die Seele.
Vorurteile, Zweifel, Befürchtungen
und Hoffnungslosigkeit sind Feinde,
die uns nach und nach zur Erde niederdrücken
und uns vor dem Tod zu Staub werden lassen.

Jung ist, wer noch staunen und sich begeistern kann.
Wer noch wie ein unersättliches Kind fragt: Und dann?
Wer die Ereignisse herausfordert
und sich freut am Spiel des Lebens.

Ihr seid so jung wie euer Glaube.
So alt wie euer Zweifel.
So jung wie euer Selbstvertrauen.
So jung wie eure Hoffnung.
So alt wie eure Niedergeschlagenheit.

Ihr werdet jung bleiben,
so lange ihr aufnahmebereit bleibt:
empfänglich fürs Schöne, Gute und Große,
empfänglich für die Botschaft der Natur,
der Mitmenschen, des Unfasslichen.

Verfasser unbekannt

Wir Alten scheuen oft unser eigenes Alter, wir lassen es uns gerne ausreden. Viele schminken und kleiden sich wie die Jüngeren. Die Krückstöcke, die wir brauchen, werden zu Gehilfen. Wir folgen der verschleiernden Benennung der Gesellschaft, und wir nennen uns Senioren. Wir lassen uns beschäftigen, wie man Kinder beschäftigt; gehen auf Butterfahrt, gehen zum Altentanz und tun so, als spielten wir noch wirklich mit. Schön, wenn man das kann und wenn einen das Alter nicht zu früh plagt! Aber, wir sind alt, und wir werden bald sterben.

Wir können nicht von den Jüngeren erwarten, dass sie uns ehren. Wir sind es uns schuldig, uns selbst zu ehren. Es gehört zu unserer Würde, uns nicht in das große Unsterblichkeitsspiel hineinziehen zu lassen. Wir müssen sterben, und man kann uns das Alter nicht schöner reden, als es ist. Nein, das Alter ist nicht schön. Es ist nicht schön, wenn wir das Gedächtnis verlieren; wenn uns niemand mehr wirklich braucht und wenn sie anfangen über uns zu lachen. Es ist nicht so, dass man im Alter weiser, gelassener, gütiger wird. Es häufen sich meistens die Schwächen, auch die Schwächen unseres Charakters.

Wenn wir den Jüngeren etwas voraus haben, dann ist es die Anzahl unserer Niederlagen. Und manchmal, nur manchmal machen sie uns menschlicher. Vielleicht besteht die Größe eines alten Menschen darin, sich nicht mehr zu beweisen; es aufzugeben, stark, jung und unverletzlich zu sein. Und vielleicht gibt es eine letzte Güte, die darin besteht, vor dem Tod die Augen nicht zu verschließen. Er ist nahe, und die Alten wissen besser als andere, dass das Leben nur noch Frist ist. Die Alten sollen nicht geehrt werden, weil sie so ehrbar sind, sondern weil sie es brauchen; weil sie, je älter sie werden, um so mehr zu den Geringen im Land werden. Für diese aber treten die Gebote Gottes ein.

Fulbert Steffensky

LEICHT

Leicht werden
über den Wolken fliegen
und für ein paar Minuten
das Schweigen genießen
es spüren
mich liebt der Himmel

Einfach werden
mit einem Apfel loswandern
Sterne zählen
staunen
in einem Lächeln leben
es wissen
ich bin mehr
als ich habe

Geliebt werden
in den Spiegel sehen
zärtlich Falten zählen
und graue Haare ehren
so leben
wie Gott mich gemeint hat

Cornelia Elke Schray

Jetzt, da ich schon ein paar Tage älter bin, was nicht selbstverständlich ist, und der Schmelz der Jugend unwiederbringlich dahin ist, möchte ich mich nicht verstecken müssen in Kleiderfarben wie schlammgrün, trübaubergine, mausgrau und beige! Nur weil es früher so üblich war, dass sich Frauen ab einem gewissen Alter in gedeckten Farben kleideten – vermutlich um nicht aufzufallen oder modisch dezent zu altern – möchte ich auch künftig nicht auf meine Lieblingsfarben himmelblau, limettengrün, magenta und türkis verzichten. Sie standen mir schon immer gut zu Gesicht, warum sollte das jetzt anders sein?

Deshalb bitte ich dich auch weiterhin um den nötigen Mut zum Farbe bekennen, übrigens nicht nur, was die Kleidung betrifft! Auch mein Haar will sich hier und da schon versilbern, was, das habe ich bei anderen Frauen staunend beobachtet, sehr schön aussehen kann zu gebräunter Haut und einem strahlenden Lächeln!

Lass mich mehr Frauen begegnen, die sich mutig zu ihrem Alter und ihrem Typ bekennen, zum Hier und Jetzt, ohne sich dabei allzu jugendlich zu verkleiden, die die Farbigkeit des Lebens in all seinen Facetten auch jenseits der Lebensmitte bewusst wahrnehmen und ausstrahlen! Und bitte: Schenk mir für alle Fälle einen kleinen Regenbogen für die Handtasche!

Angelika Wolff

LEHR MICH DIE KUNST DER KLEINEN SCHRITTE

Lehr mich die Kunst der kleinen Schritte,
geduldiges Fortbewegen – ohne Eile
Lehr mich, meine begrenzten Kräfte zu akzeptieren
– ohne im Selbstmitleid zu versinken
Lehr mich das Kleine und Unscheinbare schätzen
– die Blumen am Wegesrand
und der Freundesbrief im Briefkasten
Lehr mich, liebevoll und achtsam
mit mir selbst umzugehen
– weil deine Liebe immer wieder Neues schaffen will
in mir

Gerhard Heilmann

ZAUBERFORMEL GEGEN ENTMUTIGUNG

Verbünde dich
Mit der Hoffnung
Lass dich nicht einfangen
Im Netz der Zweifel
Schlage dich ins Gebüsch
Der guten Erinnerungen
Tauche ab
In den Wellen zweckfreien Spiels
Birg dich
In den Umarmungen deiner Lieben
Grabe
Nach den Schätzen in dir
Hüte dein Feuer
Zünde ein Licht an in der Dunkelheit
Singe ein Lied
Lass die Traurigkeit Platz nehmen
Schau der Angst ins Gesicht
Geh in den Zauberwald der Worte
Verdichte deine Furcht
Mach sie schön
Habe Geduld mit dir selbst
Sei gut zu dir
Höre nicht auf, zu beten
Gib deine Schwäche
In die Hand dessen, der stärker ist
Bitte um Verwandlung

Christine Ruppert

VORTEIL

Das Älterwerden hat auch seine guten Seiten,
ich muss nicht mehr so viel
mit anderen Menschen streiten,
weil viele Dinge mich kaum noch berühren.
Ich kann mein Leben schon ein wenig
abgeklärter führen.

Ich muss nicht mehr nach Lob und Anseh'n haschen,
viel lieber lasse ich mich dankbar überraschen
von all den kleinen Freuden, die die Tage bringen
und die in meinem Herzen lange weiterklingen.

Ich seh' die eigenen Falten sogar schon gelassen
und fürcht' nicht mehr,
ich könnte Wichtiges verpassen
an Glück und Lust in diesem Erdenleben.
Ich lerne, mich allmählich selber abzugeben.

Das Leben hat mich nach und nach zurechtgebogen,
bin wie ein Spielball auf und ab geflogen,
jedoch: Ich bin noch da und nicht zerbrochen
und fühl mein Herz noch warm
und ganz lebendig pochen.

Ute Latendorf

SELBSTGESPRÄCH AN MEINEM GEBURTSTAG

Keine hohen Berge will ich besteigen –
ich will zufrieden und glücklich sein,
wenn ich die Höhen und Tiefen
meines Lebens meistere.

Jungen Menschen will ich geduldig zuhören,
wenn sie ihr Leben mit mir teilen –
und leise antworten, wenn sie mich um Rat fragen.

Ich will mich hüten vor Rechthaberei
und Selbstgerechtigkeit und mich üben in Demut.

In Dankbarkeit will ich meine Tage zählen,
sowohl die trüben,
als auch die farbenfrohen, voller Sonnenschein.

Ich will Verluste durchstehen
Niederlagen aushalten
nicht aufgeben, wenn mir das Leben
Schweres zumutet.

Ich will mich freuen können,
an den kleinen Dingen, dem Reichtum des Alltags.
Ich bin noch immer empfänglich für Zärtlichkeiten
und Zeichen der Liebe.

Den Freundlichkeiten des Lebens
will ich freundlich zuwinken
und versuchen, selber freundlich zu sein.

Ich will nicht krampfhaft festhalten an den Dingen.
Genügsam und frei will ich sein!

Ich will in Frieden alt werden!
In Frieden und zufrieden.

Mit leeren Händen will ich IHM begegnen,
wenn meine Tage zu Ende gehen,
in der Zuversicht, dass SEINE Gnade
genug für mich ist.

Gerhard Heilmann

LEBENSLIED

Noch wachsen am Hinterkopf Haare,
noch wühlt sich der Wind da hinein.
Noch singen im Frühjahr die Stare,
noch fällt mir ein Lied dazu ein.

Noch brennt mir der Schnaps auf der Zunge.
Noch fasse ich gern deine Hand.
Noch steh ich wie früher als Junge
beim Bäcker und fülle die Lunge
mit Brotgeruch voll bis zum Rand.

Noch sitz ich vorm Bildschirm mit Tränen,
halt Blicke von Hungernden aus.
Noch seh ich gern Züge von Schwänen,
noch fühl ich Fernweh dann brennen,
obwohl ich's so warm hab zu Haus.

Noch will ich zur Ruh mich nicht betten.
Noch spiel ich nur ungern den Held.
Und glaub doch, die Welt wär zu retten.
Noch häng ich wie tausende Kletten
am Leben und an dieser Welt.

Gerhard Schöne

HERBST DES LEBENS

Die Wünsche werden jetzt oft kleiner,
man wird gewissermaßen „still",
hat das Gefühl,
die Dinge werden feiner
und man weiß besser
was man will.
Man setzt sich andre Prioritäten,
tut das, was einem wirklich passt,
muss nicht mehr streben, sich verweben,
wirft ab unnötigen Ballast.
Man macht sich frei von alten Zwängen,
braucht nicht den „Erste-Reihe-Schein",
kann auch die kleinen Siege feiern
und ganz gelassen „Zweiter" sein.
Noch vieles gibt es zu ergründen,
die Zeit ist unser Streben wert,
mit ihr muss man sich jetzt verbinden,
sie ist unser „weißes Pferd".
Kostbar ist sie nun geworden,
man genießt das kleinste Glück,
doch leider lässt sich Zeit nicht borgen,
aber nutzen,
auch das kleinste Stück.

Gudrun Martin

ALTERSGLÜCK

Mich nicht mehr mit anderen
vergleichen müssen
über vieles hinwegschauen können
nicht mehr für alles bezahlen müssen
gelassener und geduldiger werden
mich mit meiner Vergangenheit aussöhnen
müde sein dürfen
mich nicht mehr krumm machen für andere
die Zeit ohne Bedauern vergehen sehen
das Leben nehmen, wie es ist
nicht mehr so viel von anderen erwarten
großzügiger sein mit anderen
großzügiger sein mit mir selber
kleine Schritte machen dürfen
alle Geschehnisse als vorübergehend betrachten
mich auf einem Friedhof zu Hause fühlen
das Licht von drüben erahnen
die Verbindung nach oben intensivieren …

Ute Latendorf

KONTOSTAND

All die vielen Jahre
die hinter uns liegen
was käme heraus
würden wir sie wiegen?
Auf welcher Seite
ginge die Schale nach unten
Wie viel Plus wie viel Minus
wurde empfunden?

Das Lebensglück
lässt sich schlecht wiegen
denn im Schmerzlichen
kann manches Gute liegen
und das Schwere
ist oft am Ende leicht
wenn wir endlich
ein neues Ziel erreicht

Was zählt ist wirklich
nur der Moment
wenn man das
Beste daraus erkennt

Hermine Geißler

ALT SEIN

Müde
Erschöpft
Krank
Gebrechlich
Schwerhörig
Zerbrechlich
Nahe dem Tod

Ruhig
Gelassen
Einverstanden
Dankbar
Verständnisvoll
Mitfühlend
Wunschlos
Weise

Zur Stelle sein
Ein Berater sein
Ein Tröster sein
Sein!

Ute Latendorf

Niemals
vergessen
das Lachen der Kinder
den Gesang der Vögel
den Tau auf den Wiesen
das Licht der Sonne
das Funkeln der Sterne

Niemals
vergessen
die Stille des Morgens
den Duft der Rosen
den Geschmack der Erdbeeren
die Wärme des Tages
die Ruhe der Nacht

Niemals
vergessen
die Magie des Augenblicks
die Tage der Freude
das Glück der Begegnung
die Kraft der Liebe
das Geschenk des Lebens

Niemals
vergessen
und doch
loslassen

Marion Schmickler

WER BIN ICH GEWESEN?

Wer bin ich gewesen, und wer bin ich noch?
Ich bin alt und müde und freue mich doch.
Wo bin ich zu Hause, wo gehöre ich hin?
Was ist meine Aufgabe, und was ist der Sinn?
Wie viel Zeit ist verflossen,
wie viel liegt noch vor mir?
Ich will dankbar leben im Jetzt und im Hier.
Wo sind meine Jahre, und wo ziehen sie hin?
Ich spür, dass ich Pilger und Wanderer bin.
Ich verliere die Sprache und weiß vieles nicht mehr.
Selbst das einfache Atmen
fällt mir manchmal schon schwer.

Doch ich bin nicht verlassen, habe mich nicht verirrt,
ich bleibe geborgen, wenn der Sinn sich verwirrt.
Gott hält mich und führt mich, Er zeigt mir den Weg,
wenn ich stehe und gehe und zum Schlafen mich leg.
Mein Weg durch das Leben, durch Sonne und Wind,
ist der Anfang von etwas, was im Himmel beginnt
und im Himmel endet und Erlösung verspricht.

Darum kann ich vertrauen, und ich fürchte mich nicht!

Ute Latendorf

ERINNERUNGEN

was bleibt einmal
wenn die Tage kürzer werden
und der Winter ans Herz greift –
vielleicht
und das wünsche ich dir
Erinnerungen
an schöne Zeiten
an Barfußlaufen
über endlosen Strand
Hand in Hand mit dem Liebsten
an steile Pfade
auf so manchen Gipfel hinauf –
an frohe Feiern im Familienkreis
an Gartenarbeiten im Rosenbeet
und Kranichzüge gen Süden im Herbst –
dass du dich ihrer
erinnern kannst
wenn der Winter ans Herz greift
das wünsche ich dir
so sehr

Eva-Maria Leiber

DU GIBST MEINEN SCHRITTEN WEITEN RAUM
(nach Psalm 15)

Das wünsche ich dir, dass du auch im hohen Alter wahrnimmst, dass es noch viele weite Räume um dich gibt. Auch in deinem kleiner werdenden Umkreis, auch im Altersheim, können sich Wege weiten. Das wünsche ich dir, dass in dir Kräfte geweckt werden, die du in den Belastungen des aktiven Berufslebens nicht wahrnehmen konntest: Fähigkeiten, Fantasie, neue Möglichkeiten, künstlerische Ambitionen. Schon das schöne Arrangieren eines Blumenstraußes ist eine Kunst, die dir in deinen stiller werdenden Tagen geschenkt werden kann. Eine Freundin fand in der Muße ihrer späten Jahre den Weg zur künstlerischen Fotografie. Die Bilder erfreuten viele Menschen in dem großen Heim, in dem sie fortan lebte. Sie beschenkte viele Geburtstagskinder mit ihren unvergesslichen Blumenbildern. Selbst dem Tautropfen an einem Grashalm mochte sie das Geheimnis eines achtsam geschätzten Bildes abzulocken. Das wünsche ich dir, dass du Ruhe und Kraft findest, neue Wege, neue Möglichkeiten in deinem Leben zu entfalten.

Barbara Cratzius

EINE LEUCHTENDE SEELE BEWAHREN

Wir alle werden täglich älter. Wir werden alle alt, irgendwann. Welch ein Glück, dass es in diesem Punkt keine Ungleichbehandlung der Menschen gibt. Jungsein ist keine Leistung, keine Bevorzugung, sondern lediglich eine Stufe auf dem Lebensweg. Niemand kann umkehren auf seinem Weg, um zurückzugehen zu seinen Anfängen. Wir dürfen nicht einmal verharren auf einer Altersstufe. Die Uhr tickt unaufhörlich. Manchmal scheint die Zeit uns davonzulaufen, manchmal merken wir die Bewegung in unserem Leben kaum und glauben, dass die Zeit still steht. Und dennoch bringt uns jeder Tag unserem irdischen Ende näher. Wenn man jung ist, meint man, unendlich viel Zeit zu haben. Man geht verschwenderisch mit ihr um, probiert vieles aus, geht Umwege, gerät in Sackgassen, verschläft kostbare Zeit. Aber wenn man sich der rechnerischen Lebensmitte nähert, erschrickt man plötzlich: Was, so viel Zeit ist schon vergangen? Wo sind die Jahre hin? Was bleibt mir noch? Man wird vorsichtiger, wägt ab, was man tut. Was ist wichtig, was nicht? Jeder Tag bekommt ein großes Gewicht. Es könnte der letzte sein. Für Belangloses bleibt keine Zeit mehr. […] Aber ich weiß mehr vom Leben, bin sicherer geworden im Umgang mit mir selbst und anderen. Körperlich bin ich schneller erschöpft, vergesse auch vieles. Aber nie vergesse ich, dass ich jung gewesen bin, dass ich geliebt habe. Ich weiß noch, wie ich zitternd vor Erwartung auf der Schwelle zum Erwachsensein stand, wie ich voller Neugier jede fremde Tür geöffnet habe, um nachzusehen, was dahinter liegt.

Damals lag vor mir ein großes unbekanntes Land, das ich erforschen wollte. Inzwischen bin ich hindurchgeschritten und habe viel gesehen – zu viel, denke ich manchmal. Viele Seifenblasen sind zerplatzt – und dennoch: Ich möchte noch Neues wagen. Ich bin nicht mehr so stürmisch und ungeduldig wie früher, aber ich bin noch neugierig! Ich bin alt? Ja! Ich habe eine runzelige Haut, Falten, meine Sehkraft lässt nach, auch die Hörfähigkeit. Ich bin nicht mehr so gut zu Fuß, aber was macht das aus, wo doch die Seele Flügel hat und Augen, die alles sehen, was hinter den Dingen liegt, und Ohren, die alles hören, was von Gott kommt. Die Seele bringt Glanz in ein altes Gesicht. Wie viele junge Menschen haben einen stumpfen, müden Blick, als hätten sie schon alle Träume ihres Lebens begraben. Ich träume noch, und ich liebe noch: meinen Mann, meine Freunde, meine Kinder, meine Enkel. Aber ich will niemanden mehr festhalten. Alles ist leicht geworden, auch ich selbst. Es ist viel schöner als früher, weil ich frei bin und freigeben kann. Es geht mir alles tief unter die Haut. Ich lebe, bis ich sterbe, bis mein Körper zerfällt. Ich fühle, bis meine Seele stirbt, und vielleicht wird das niemals geschehen. Ich atme, schmecke, höre, ich sehe und stelle mir vor. Ich gehe langsam, denn ich kann es mir jetzt wieder leisten, die Stunden durch die Finger rinnen zu lassen. Ich mache Pausen, ruhe mich aus, verweile, wo es mir gefällt. Ich lebe von den kostbaren Augenblicken des Lebens.

Ute Latendorf

KEINE FRAGE DES ALTERS

Ich wünsche dir,
dass du immer wieder neu
von innen leuchten kannst
aus Dankbarkeit für dein Leben
und alles Schöne, was war.

Ich wünsche dir nicht,
dass du ungeschoren davon kommst,
sondern dass du die Falten und Narben
als Lebensspuren liebevoll ansehen kannst.

Ich wünsche dir, dass du immer wieder neu
auf Menschen triffst,
die mit dir gehen, dich begleiten
auch über Hürden und schwere Zeiten.

Ich wünsche dir,
dass du nicht von deinem Leben erwartest,
dass alles leicht, glatt und schön sein muss,
sondern dass du immer wieder neu spürst,
dass Hell und Dunkel zusammen
erst das Leben ausmachen.

Ich wünsche dir,
dass du nie aufhörst, neu anzufangen,
denn aufbrechen, wagen,
beginnen und lernen
sind keine Frage des Alters.

Verfasser unbekannt

Mit Texten von:
Wolfgang Abendschön: S. 9 Keine Angst haben, aus: Einmal Himmel und zurück. Ein Textbuch, © Calwer Verlag, Stuttgart 1999. **Barbara Cratzius**: S. 35, © Michael Cratzius. **Hermine Geißler**: S. 28, © bei der Autorin. **Gerhard Heilmann**: S. 18, 23/24, © beim Autor. **Ute Latendorf**: S. 4/5, 21, 27, 30, 32, 36/37, © bei der Autorin. **Eva-Maria Leiber**: S. 33, © bei der Autorin. **Gudrun Martin**: S. 26, © bei der Autorin. **Christine Ruppert**: S. 19, © bei der Autorin. **Antoine de Saint-Exupéry**: S. 6 Das Alter eines Menschen ist eindrucksvoll, aus: Ders., Lettre à un Otage, © Editions Gallimard, Paris 1941. **Maria Sassin**: S. 7, © bei der Autorin. **Marion Schmickler**: S. 31, © bei der Autorin. **Gerhard Schöne**: S. 24, aus: Wohin soll die Nachtigall. Liedertexte, © Henschelverlag Kunst und Gesellschaft, DDR-Berlin 1990. **Cornelia Elke Schray**: S. 15, © bei der Autorin. **Fulbert Steffensky**: S.13/14, aus: Die Zehn Gebote, © beim Autor. **Doris Strahm**: S. 3 Ganz schön alt werden, aus: Simone Burster/Petra Heilig/Susanne Herzog (Hg.), Im Wandel wachsen. Frauenkalender 2012, © Schwabenverlag AG, Ostfildern 2011. www.verlagsgruppe-patmos.de **Angelika Wolff**: S.16, © bei der Autorin. **Stefan Zweig**: S. 5, aus: Vierundzwanzig Stunden aus dem Leben einer Frau, Aufbau Verlag, Berlin 1986.
Trotz intensiver Recherche konnten wir nicht zu allen Texten die jeweiligen Rechtsinhaber ausfindig machen. Für Hinweise sind wir dankbar.

Mit Fotos von:
Jann Huizenga/iStock (Umschlag), **momento**/plainpicture (S. 2), **Orietta Gaspari**/iStock (S. 8), **DutchScenery**/iStock (S. 12), **Briljans**/plainpicture (S. 17), **-Oxford-**/iStock (S. 20), **LMBD**/photocase (S. 25), **susabell**/iStock (S. 29), **Garden World Images**/mauritius images (S. 34), **ideabug**/iStock (S. 38).

ISBN 978-3-86917-465-5
© 2016 Verlag am Eschbach der Schwabenverlag AG
Im Alten Rathaus/Hauptstraße 37
D-79427 Eschbach/Markgräflerland
Alle Rechte vorbehalten.

www.verlag-am-eschbach.de

Gestaltung, Satz und Repro: Angelika Kraut, Verlag am Eschbach
Schriftvorlagen: Ulli Wunsch, Wehr
Herstellung: Grafisches Centrum Cuno GmbH & Co. KG, Calbe

Dieser Baum steht für umweltschonende Ressourcenverwendung, individuelle Handarbeit und sorgfältige Herstellung.